Ein Frühlingstag
mit Heinrich Heine

Ein Frühlingstag mit Heinrich Heine

Reclam

RECLAMS UNIVERSAL-BIBLIOTHEK Nr. 14344
2023 Philipp Reclam jun. Verlag GmbH,
Siemensstraße 32, 71254 Ditzingen
Umschlaggestaltung: zero-media.net
Umschlagabbildung: Fritz von Wille, Frühlingsblüte in der Eifel (1885) – akg-images
Abbildung S. 6: Heinrich Heine, Litographie von Eduard Kaiser, 1838
Schmuckelemente: © shutterstock / Astro Ann, Maslova Yulia
Druck und Bindung: Druckerei C.H.Beck,
Bergerstraße 3–5, 86720 Nördlingen
Printed in Germany 2023

ISBN 978-3-15-014344-5
www.reclam.de

Inhalt

Heinrich Heine, 1838

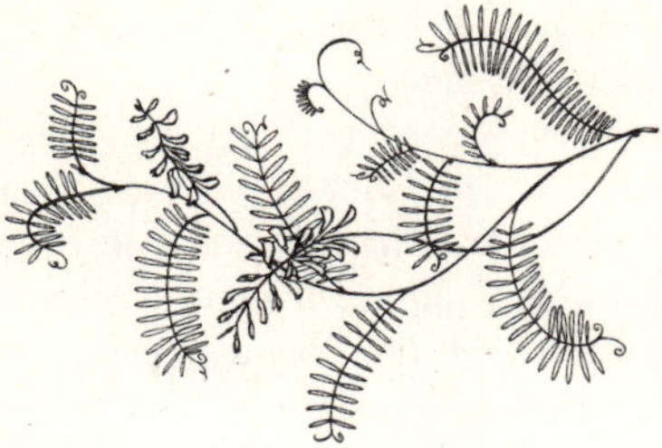

Frühlingsgefühle mit Heine

»Jetzt [...] will mir auch die früheste Kindheit wieder im Gedächtnisse hervorblühen, und ich bin wieder ein Kind und spiele mit andern Kindern auf dem Schloßplatze zu Düsseldorf am Rhein.« So heiter wie in diesen Zeilen ging es in der Kindheit und Jugend von Heinrich Heine (1797–1856) nicht immer zu, vielmehr war er bereits in jungen Jahren ein Zeitgenosse großer Umbrüche. Heine erlebte etwa den Einzug Napoleons in Düsseldorf, später zahlreiche Revolutionen.

Doch so ernst die Welt auch gewesen sein mag, Witz, Ironie und bissige Satire boten dem Dichter, Journalisten und Nonkonformisten geistige Befreiung. Heine war ein wahrer Meister der Lyrik und fand stets die richtigen Worte für das Schöne, das Gefühlvolle und die Sinnesfreuden. Überdies tat sich Heine als begnadeter Reiseschriftsteller hervor, der Naturschilderungen, komische Szenen und zeitkritische Bemerkungen miteinander zu verweben wusste. Es finden sich auch zahlreiche Gedichte, in denen er die Höhen und Tiefen der Liebe besingt. Heine selbst hatte übrigens mitunter Glück in der Liebe. 1833 lernte er im Pariser Exil die lebenslustige

Crescentia Eugenie Mirat kennen, die er 1841 heiratete. Er nannte sie herzlich ›Mathilde‹.

In seinen Frühlingstexten entführt Heinrich Heine die Leserinnen und Leser in blühende Gärten, in denen die Nachtigallen singen, die Bäume sprechen, die Blumen sprießen und sich Gefühle unmittelbar Bahn brechen. Er träumt von einem bezaubernden Frühling, der sich wie ein »Meer des Lebens« über die Erde ergießt.

Der Frühling schien schon an dem Tor
Mich freundlich zu erwarten.
Die ganze Gegend steht im Flor
Als wie ein Blumengarten.

Katharina

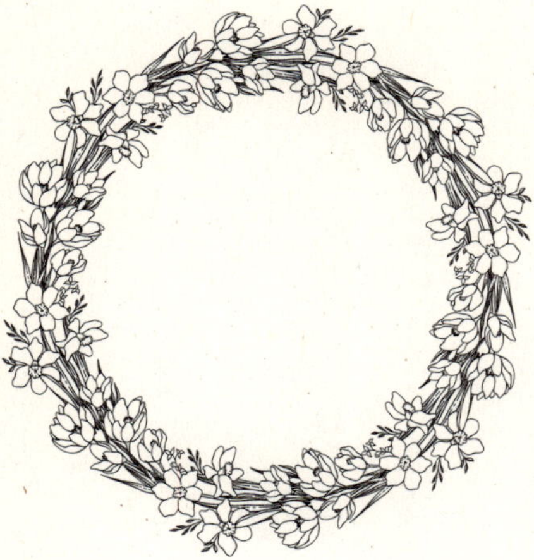

Wenn es Frühling wird

Zitherklang und Zwergenlieder
Tönen aus des Berges Spalt,
Und es sprießt wie ’n toller Frühling
Draus hervor ein Blumenwald.

Die Harzreise

Wahrhaftig

Wenn der Frühling kommt mit dem Sonnenschein,
Dann knospen und blühen die Blümlein auf;
Wenn der Mond beginnt seinen Strahlenlauf,
Dann schwimmen die Sternlein hintendrein;
Wenn der Sänger zwei süße Äuglein sieht,
Dann quellen ihm Lieder aus tiefem Gemüt; –
Doch Lieder und Sterne und Blümelein,
Und Äuglein und Mondglanz und Sonnenschein,
Wie sehr das Zeug auch gefällt,
So macht's doch noch lang keine Welt.

Liederfrühling

Werdet nur nicht ungeduldig,
Wenn von alten Leidensklängen
Manche noch vernehmlich tönen
In den neuesten Gesängen.

Wartet nur, es wird verhallen
Dieses Echo meiner Schmerzen,
Und ein neuer Liederfrühling
Sprießt aus dem geheilten Herzen.

Der Frühling gibt zurück

Herz, mein Herz, sei nicht beklommen,
Und ertrage dein Geschick.
Neuer Frühling gibt zurück,
Was der Winter dir genommen.

Und wie viel ist dir geblieben!
Und wie schön ist noch die Welt!
Und, mein Herz, was dir gefällt,
Alles, alles darfst du lieben!

Frühlingslied

Leise zieht durch mein Gemüt
Liebliches Geläute.
Klinge, kleines Frühlingslied.
Kling hinaus ins Weite.

Kling hinaus, bis an das Haus,
Wo die Blumen sprießen.
Wenn du eine Rose schaust,
Sag ich lass sie grüßen.

Verliebt in die Blumen

Es hat die warme Frühlingsnacht
Die Blumen hervorgetrieben,
Und nimmt mein Herz sich nicht in Acht,
So wird es sich wieder verlieben.

Doch welche von den Blumen alln
Wird mir das Herz umgarnen?
Es wollen die singenden Nachtigalln
Mich vor der Lilie warnen.

Frühlingsfeier

Das ist des Frühlings traurige Lust!
Die blühenden Mädchen, die wilde Schar,
Sie stürmen dahin, mit flatterndem Haar
Und Jammergeheul und entblößter Brust: –
Adonis! Adonis!

Es sinkt die Nacht. Bei Fackelschein,
Sie suchen hin und her im Wald,
Der angstverwirret widerhallt
Von Weinen und Lachen und Schluchzen und Schrein:
Adonis! Adonis!

Das wunderschöne Jünglingsbild,
Es liegt am Boden blass und tot,
Das Blut färbt alle Blumen rot,
Und Klagelaut die Luft erfüllt: –
Adonis! Adonis!

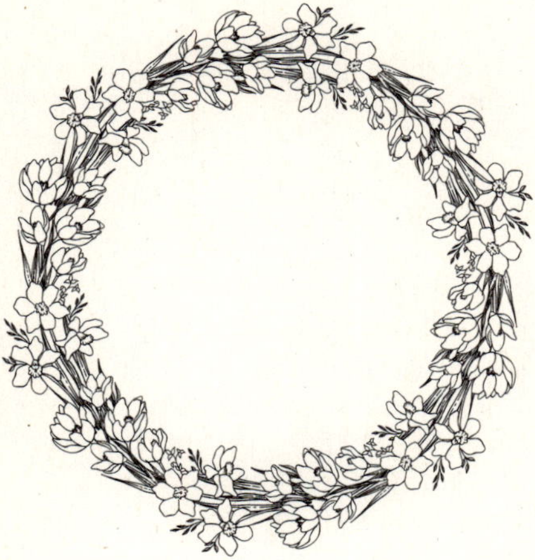

Maisonne

Das trillert und duftet so sonnenvergnügt!
Das blinkt im grünen Geschmeide!
Sein weißes Blütenköpfchen wiegt
Der junge Baum mit Freude.

Katharina

Der erste Mai

Im Frühjahr 1824 unternahm der Student Heine eine vierwöchige Fußwanderung von Göttingen über den Brocken bis zum Ilsestein. In seinem berühmten Reisebericht »Die Harzreise« schildert er dieses Erlebnis. Seine ausführlichen Natur- und Landschaftsbeschreibungen künden von einem Frühling an der Ilse und beleuchten die Pracht des Flusses auf ihre ganz eigene wunderbare Art und Weise.

Es ist heute der erste Mai; wie ein Meer des Lebens ergießt sich der Frühling über die Erde, der weiße Blütenschaum bleibt an den Bäumen hängen, ein weiter, warmer Nebelglanz verbreitet sich überall; in der Stadt blitzen freudig die Fensterscheiben der Häuser, an den Dächern bauen die Spatzen wieder ihre Nestchen, auf der Straße wandeln die Leute und wundern sich, dass die Luft so angreifend und ihnen selbst so wunderlich zumute ist; die bunten Vierländerinnen bringen Veilchensträußer; die Waisenkinder mit ihren blauen Jäckchen und ihren lieben, unehelichen Gesichtchen ziehen über den Jungfernstieg und freuen sich, als sollten sie heute einen Vater wiederfinden; der Bettler an der Brücke schaut so vergnügt, als hätte er das Große Los gewonnen; sogar den schwarzen, noch ungehenkten Makler, der dort mit seinem spitzbübischen Manufakturwarengesicht einherläuft, bescheint die Sonne mit ihren tolerantesten Strahlen – ich will hinauswandern vor das Tor.

Es ist der erste Mai, und ich denke deiner, du schöne Ilse – oder soll ich dich »Agnes« nennen, weil mir dieser Name am besten gefällt? – ich denke deiner, und ich möchte wieder zusehen, wie du leuchtend den Berg hinabläufst.

Am liebsten aber möchte ich unten im Tale stehen und dich auffangen in meine Arme. – Es ist ein schöner Tag! Überall sehe ich die grüne Farbe, die Farbe der Hoffnung. Überall, wie holde Wunder, blühen hervor die Blumen, und auch mein Herz will wieder blühen. Dieses Herz ist auch eine Blume, eine gar wunderliche. Es ist kein bescheidenes Veilchen, keine lachende Rose, keine reine Lilie oder sonstiges Blümchen, das mit artiger Lieblichkeit den Mädchensinn erfreut und sich hübsch vor den hübschen Busen stecken lässt und heute welkt und morgen wieder blüht. Dieses Herz gleicht mehr jener schweren, abenteuerlichen Blume aus den Wäldern Brasiliens, die der Sage nach alle hundert Jahre nur einmal blüht. Ich erinnere mich, dass ich als Knabe eine solche Blume gesehen. Wir hörten in der Nacht einen Schuss wie von einer Pistole, und am folgenden Morgen erzählten mir die Nachbarskinder, dass es ihre »Aloe« gewesen, die mit solchem Knalle plötzlich aufgeblüht sei. Sie führten mich in ihren Garten, und da sah ich zu meiner Verwunderung, dass das niedrige, harte Gewächs mit den närrisch breiten, scharf gezackten Blättern, woran man sich leicht verletzen konnte, jetzt ganz in die Höhe geschossen war und oben, wie eine goldene Krone, die herrlichste Blüte trug. Wir Kinder konnten nicht mal so hoch hinaufsehen, und der alte, schmunzelnde Christian, der uns lieb hatte, baute eine hölzerne Treppe um die Blume herum, und da kletterten wir hinauf wie die Katzen und schauten neugierig in den offenen Blumenkelch, woraus die gelben Strahlenfäden und wildfremden Düfte mit unerhörter Pracht hervordrangen.

Ja, Agnes, oft und leicht kommt dieses Herz nicht zum Blühen; soviel ich mich erinnere, hat es nur ein einziges

Mal geblüht, und das mag schon lange her sein, gewiss schon hundert Jahr. Ich glaube, so herrlich auch damals seine Blüte sich entfaltete, so musste sie doch aus Mangel an Sonnenschein und Wärme elendiglich verkümmern, wenn sie nicht gar von einem dunkeln Wintersturme gewaltsam zerstört worden. Jetzt aber regt und drängt es sich wieder in meiner Brust, und hörst du plötzlich den Schuss – Mädchen, erschrick nicht! ich hab mich nicht totgeschossen, sondern meine Liebe sprengt ihre Knospe und schießt empor in strahlenden Liedern, in ewigen Dithyramben, in freudigster Sangesfülle.

Ist dir aber diese hohe Liebe zu hoch, Mädchen, so mach es dir bequem und besteige die hölzerne Treppe und schaue von dieser hinab in mein blühendes Herz.

Es ist noch früh am Tage, die Sonne hat kaum die Hälfte ihres Weges zurückgelegt, und mein Herz duftet schon so stark, dass es mir betäubend zu Kopfe steigt und ich nicht mehr weiß, wo die Ironie aufhört und der Himmel anfängt, dass ich die Luft mit meinen Seufzern bevölkere, und dass ich selbst wieder zerrinnen möchte in süße Atome, in die unerschaffene Gottheit; – wie soll das erst gehen, wenn es Nacht wird und die Sterne am Himmel erscheinen, »die unglücksel'gen Sterne, die dir sagen können – –«

Es ist der erste Mai, der lumpigste Ladenschwengel hat heute das Recht, sentimental zu werden, und dem Dichter wolltest du es verwehren?

Es wurde Mai

Die Erde war so lange geizig,
Da kam der Mai, und sie ward spendabel,
Und alles lacht, und jauchzt, und freut sich,
Ich aber bin nicht zu lachen kapabel.

Die Blumen sprießen, die Glöcklein schallen,
Die Vögel sprechen wie in der Fabel;
Mir aber will das Gespräch nicht gefallen,
Ich finde alles miserabel.

Maizauber

Welch ein schauersüßer Zauber!
Winter wandelt sich in Maie,
Schnee verwandelt sich in Blüten,
Und dein Herz, es liebt aufs Neue.

In dem Walde sprießt und grünt es
Fast jungfräulich lustbeklommen;
Doch die Sonne lacht herunter:
Junger Frühling, sei willkommen!

Nachtigall! auch dich schon hör ich,
Wie du flötest seligtrübe
Schluchzend langgezogne Töne,
Und dein Lied ist lauter Liebe!

Im wunderschönen Monat Mai

Im wunderschönen Monat Mai,
Als alle Knospen sprangen,
Da ist in meinem Herzen
Die Liebe aufgegangen.

Im wunderschönen Monat Mai,
Als alle Vögel sangen,
Da hab ich ihr gestanden
Mein Sehnen und Verlangen.

Götterdämmerung

Der Mai ist da mit seinen goldnen Lichtern,
Und seidnen Lüften und gewürzten Düften,
Und freundlich lockt er mit den weißen Blüten,
Und grüßt aus tausend blauen Veilchenaugen,
Und breitet aus den blumreich grünen Teppich,
Durchwebt mit Sonnenschein und Morgentau,
Und ruft herbei die lieben Menschenkinder.
Das blöde Volk gehorcht dem ersten Ruf.
Die Männer ziehn die Nankinhosen an,
Und Sonntagsröck mit goldnen Spiegelknöpfen.
Die Frauen kleiden sich in Unschuldweiß.
Jünglinge kräuseln sich den Frühlingsschnurrbart;
Jungfrauen lassen ihre Busen wallen;
Die Stadtpoeten stecken in die Tasche
Papier und Bleistift und Lorgnett; – und jubelnd
Zieht nach dem Tor die krausbewegte Schar,
Und lagert draußen sich auf grünem Rasen,
Bewundert, wie die Bäume fleißig wachsen,
Spielt mit den bunten, zarten Blümelein,
Horcht auf den Sang der lustgen Vögelein,
Und jauchzt hinauf zum blauen Himmelszelt.
Zu mir kam auch der Mai. Er klopfte dreimal
An meine Tür, und rief: Ich bin der Mai,
Du bleicher Träumer, komm, ich will dich küssen!
Ich hielt verriegelt meine Tür, und rief:
Vergebens lockst du mich, du schlimmer Gast.
Ich habe dich durchschaut, ich hab durchschaut
Den Bau der Welt, und hab zu viel geschaut,
Und viel zu tief, und hin ist alle Freude,

Und ewge Qualen zogen in mein Herz.
Ich schaue durch die steinern harten Rinden
Der Menschenhäuser und der Menschenherzen,
Und schau in beiden Lug und Trug und Elend.
Auf den Gesichtern les ich die Gedanken,
Viel schlimme. In der Jungfrau Scham-Erröten
Seh ich geheime Lust begehrlich zittern;
Auf dem begeistert stolzen Jünglingshaupt
Seh ich die lachend bunte Schellenkappe;
Und Fratzenbilder nur und sieche Schatten
Seh ich auf dieser Erde, und ich weiß nicht,
Ist sie ein Tollhaus oder Krankenhaus.
Ich sehe durch den Grund der alten Erde,
Als sei sie von Kristall, und seh das Grausen,
Das mit dem freudgen Grüne zu bedecken
Der Mai vergeblich strebt. Ich seh die Toten;
Sie liegen unten in den schmalen Särgen,
Die Händ gefaltet und die Augen offen,
Weiß das Gewand und weiß das Angesicht,
Und durch die Lippen kriechen gelbe Würmer.
Ich seh, der Sohn setzt sich mit seiner Buhle
Zur Kurzweil nieder auf des Vaters Grab; –
Spottlieder singen rings die Nachtigallen; –
Die sanften Wiesenblümchen lachen hämisch; –
Der tote Vater regt sich in dem Grab; –
Und schmerzhaft zuckt die alte Mutter Erde.
Du arme Erde, deine Schmerzen kenn ich!
Ich seh die Glut in deinem Busen wühlen,
Und deine tausend Adern seh ich bluten,
Und seh, wie deine Wunde klaffend aufreißt,
Und wild hervorströmt Flamm und Rauch und Blut.

Ich sehe deine trotzgen Riesensöhne,
Uralte Brut, aus dunkeln Schlünden steigend
Und rote Fackeln in den Händen schwingend; –
Sie legen ihre Eisenleiter an,
Und stürmen wild hinauf zur Himmelsfeste; –
Und schwarze Zwerge klettern nach; – und knisternd
Zerstieben droben alle goldnen Sterne.
Mit frecher Hand reißt man den goldnen Vorhang
Vom Zelte Gottes, heulend stürzen nieder,
Aufs Angesicht, die frommen Engelscharen.
Auf seinem Throne sitzt der bleiche Gott,
Reißt sich vom Haupt die Kron, zerrauft sein Haar –
Und näher drängt heran die wilde Rotte.
Die Riesen werfen ihre roten Fackeln
Ins weite Himmelreich, die Zwerge schlagen
Mit Flammengeißeln auf der Englein Rücken; –
Die winden sich und krümmen sich vor Qualen,
Und werden bei den Haaren fortgeschleudert; –
Und meinen eignen Engel seh ich dort,
Mit seinen blonden Locken, süßen Zügen,
Und mit der ewgen Liebe um den Mund,
Und mit der Seligkeit im blauen Auge –
Und ein entsetzlich hässlich schwarzer Kobold
Reißt ihn vom Boden, meinen bleichen Engel,
Beäugelt grinsend seine edlen Glieder,
Umschlingt ihn fest mit zärtlicher Umschlingung –
Und gellend dröhnt ein Schrei durchs ganze Weltall,
Die Säulen brechen, Erd und Himmel stürzen
Zusammen, und es herrscht die alte Nacht.

Küsse im Mai

Sag mir wer einst das Küssen erfund?
Das war ein glühend glücklicher Mund;
Er küsste und dachte nichts dabei.
Es war im schönen Monat Mai,
Die Blumen sind aus der Erde gesprungen,
Die Sonne lachte, die Vögel sungen.

Gekommen ist der Maie

Gekommen ist der Maie,
Die Blumen und Bäume blühn,
Und durch die Himmelsbläue
Die rosigen Wolken ziehn.

Die Nachtigallen singen
Herab aus der laubigen Höh,
Die weißen Lämmer springen
Im weichen grünen Klee.

Ich kann nicht singen und springen,
Ich liege krank im Gras;
Ich höre fernes Klingen,
Mir träumt, ich weiß nicht was.

Frühlingsgesänge der Nachtigall

Wenn ich eine Nachtigall wäre,
So flög ich zu dir, mein Kind,
Und sänge dir nachts meine Lieder
Herab von der grünen Lind.

Lyrisches Intermezzo

Das Lied der Nachtigall

Aus meinen Tränen sprießen
Viel blühende Blumen hervor,
Und meine Seufzer werden
Ein Nachtigallenchor.

Und wenn du mich liebhast, Kindchen,
Schenk ich dir die Blumen all,
Und vor deinem Fenster soll klingen
Das Lied der Nachtigall.

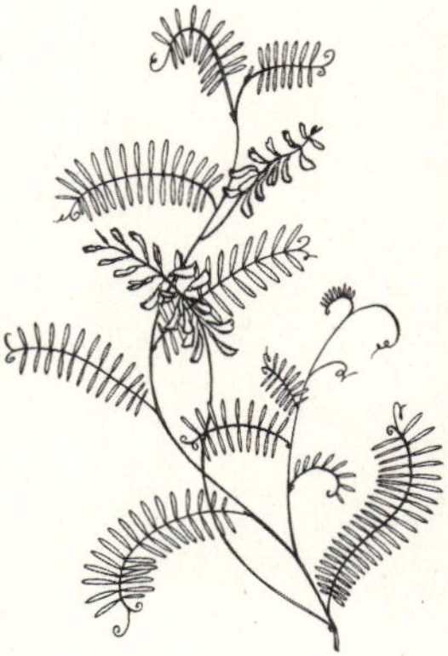

Rosen und Nachtigallen

Es drängt die Not, es läuten die Glocken,
Und ach! ich hab den Kopf verloren!
Der Frühling und zwei schöne Augen,
Sie haben sich wider mein Herz verschworen.

Der Frühling und zwei schöne Augen
Verlocken mein Herz in neue Betörung!
Ich glaube die Rosen und Nachtigallen
Sind tief verwickelt in dieser Verschwörung.

Ich lieb euch all

Der Schmetterling ist in die Rose verliebt,
Umflattert sie tausendmal,
Ihn selber aber, goldig zart,
Umflattert der liebende Sonnenstrahl.

Jedoch, in wen ist die Rose verliebt?
Das wüsst ich gar zu gern.
Ist es die singende Nachtigall?
Ist es der schweigende Abendstern?

Ich weiß nicht, in wen die Rose verliebt;
Ich aber lieb euch all:
Rose, Schmetterling, Sonnenstrahl,
Abendstern und Nachtigall.

Das Leben ist der Güter höchstes

Und ich lebe! Der große Pulsschlag der Natur bebt auch in meiner Brust, und wenn ich jauchze, antwortet mir ein tausendfältiges Echo. Ich höre tausend Nachtigallen. Der Frühling hat sie gesendet, die Erde aus ihrem Morgenschlummer zu wecken, und die Erde schauert vor Entzücken, ihre Blumen sind die Hymnen, die sie in Begeisterung der Sonne entgegensingt – die Sonne bewegt sich viel zu langsam, ich möchte ihre Feuerrosse peitschen, damit sie schneller dahinjagen – Aber wenn sie zischend ins Meer hinabsinkt, und die große Nacht heraufsteigt, mit ihrem großen sehnsüchtigen Auge, o! dann durchbebt mich erst recht die rechte Lust, wie schmeichelnde Mädchen legen sich die Abendlüfte an mein brausendes Herz, und die Sterne winken, und ich erhebe mich, und schwebe über der kleinen Erde und den kleinen Gedanken der Menschen.

Gesang der Nachtigall

»Im Anfang war die Nachtigall
Und sang das Wort: Züküht! Züküht!
Und wie sie sang, spross überall
Grüngras, Violen, Apfelblüt.

Sie biss sich in die Brust, da floss
Ihr rotes Blut, und aus dem Blut
Ein schöner Rosenbaum entspross;
Dem singt sie ihre Liebesglut.

Uns Vögel all in diesem Wald
Versöhnt das Blut aus jener Wund;
Doch wenn das Rosenlied verhallt
Geht auch der ganze Wald zugrund.«

So spricht zu seinem Spätzelein
Im Eichennest der alte Spatz;
Die Spätzin piepet manchmal drein,
Sie hockt auf ihrem Ehrenplatz.

Sie ist ein häuslich gutes Weib
Und brütet brav und schmollet nicht;
Der Alte gibt zum Zeitvertreib
Den Kindern Glaubensunterricht.

Zärtliches Geheimnis

Die blauen Frühlingsaugen
Schaun aus dem Gras hervor;
Das sind die lieben Veilchen,
Die ich zum Strauß erkor.

Ich pflücke sie und denke,
Und die Gedanken all,
Die mir im Herzen seufzen,
Singt laut die Nachtigall.

Ja, was ich denke, singt sie
Lautschmetternd, dass es schallt;
Mein zärtliches Geheimnis
Weiß schon der ganze Wald.

Frühling

Die Wellen blinken und fließen dahin –
Es liebt sich so lieblich im Lenze!
Am Flusse sitzt die Schäferin
Und windet die zärtlichsten Kränze.

Das knospet und quillt, mit duftender Lust –
Es liebt sich so lieblich im Lenze!
Die Schäferin seufzt aus tiefer Brust:
Wem geb ich meine Kränze?

Ein Reuter reutet den Fluss entlang,
Er grüßt so blühenden Mutes!
Die Schäferin schaut ihm nach so bang,
Fern flattert die Feder des Hutes.

Sie weint und wirft in den gleitenden Fluss
Die schönen Blumenkränze.
Die Nachtigall singt von Lieb und Kuss –
Es liebt sich so lieblich im Lenze!

Ein Frühlingstraum

Es zwitscherten die Vögelein
Viel muntre Liebesmelodein;
Die Sonne rot, von Gold umstrahlt,
Die Blumen lustig bunt bemalt.

Traumbilder

Träumerei

Mein Wagen rollet langsam
Durch lustiges Waldesgrün,
Durch blumige Täler, die zaubrisch
Im Sonnenglanze blühn.

Ich sitze und sinne und träume,
Und denk an die Liebste mein;
Da grüßen drei Schattengestalten
Kopfnickend zum Wagen herein.

Sie hüpfen und schneiden Gesichter,
So spöttisch und doch so scheu,
Und quirlen wie Nebel zusammen,
Und kichern und huschen vorbei.

Blühendes Zauberland

Aus alten Märchen winkt es
Hervor mit weißer Hand,
Da singt es und da klingt es
Von einem Zauberland:

Wo große Blumen schmachten
Im goldnen Abendlicht,
Und zärtlich sich betrachten
Mit bräutlichem Gesicht; –

Wo alle Bäume sprechen
Und singen, wie ein Chor,
Und laute Quellen brechen
Wie Tanzmusik hervor; –

Und Liebesweisen tönen,
Wie du sie nie gehört,
Bis wundersüßes Sehnen
Dich wundersüß betört!

Ach, könnt ich dorthin kommen,
Und dort mein Herz erfreun,
Und aller Qual entnommen,
Und frei und selig sein!

Ach! jenes Land der Wonne,
Das seh ich oft im Traum;
Doch kommt die Morgensonne,
Zerfließt's wie eitel Schaum.

Halt mich fest

Ich wandle unter Blumen
Und blühe selber mit;
Ich wandle wie im Traume,
Und schwanke bei jedem Schritt.

O, halt mich fest, Geliebte!
Vor Liebestrunkenheit
Fall ich dir sonst zu Füßen,
Und der Garten ist voller Leut.

Frühlingswünsche

Ich steh auf des Berges Spitze,
Und werde sentimental.
»Wenn ich ein Vöglein wäre!«
Seufz ich vieltausendmal.

Wenn ich eine Schwalbe wäre,
So flög ich zu dir, mein Kind,
Und baute mir mein Nestchen
Wo deine Fenster sind.

Wenn ich eine Nachtigall wäre,
So flög ich zu dir, mein Kind,
Und sänge dir nachts meine Lieder
Herab von der grünen Lind.

Wenn ich ein Gimpel wäre,
So flög ich gleich an dein Herz;
Du bist ja hold den Gimpeln,
Und heilest Gimpelschmerz.

Verliebter Frühlingsträumer

Wenn du gute Augen hast,
Und du schaust in meine Lieder,
Siehst du eine junge Schöne
Drinnen wandeln auf und nieder.

Wenn du gute Ohren hast,
Kannst du gar die Stimme hören,
Und ihr Seufzen, Lachen, Singen
Wird dein armes Herz betören.

Denn sie wird, mit Blick und Wort,
Wie mich selber dich verwirren;
Ein verliebter Frühlingsträumer,
Wirst du durch die Wälder irren.

Das goldne Wort

Ich wandelte unter den Bäumen
Mit meinem Gram allein;
Da kam das alte Träumen,
Und schlich mir ins Herz hinein.

Wer hat euch dies Wörtlein gelehret,
Ihr Vöglein in luftiger Höh?
Schweigt still, wenn mein Herz es höret,
Dann tut es noch einmal so weh.

»Es kam ein Jungfräulein gegangen,
Die sang es immerfort,
Da haben wir Vöglein gefangen
Das hübsche, goldne Wort.«

Das sollt ihr mir nicht mehr erzählen,
Ihr Vöglein wunderschlau!
Ihr wollt meinen Kummer mir stehlen,
Ich aber niemanden trau.

Güldener Frühling

Meine güldenen Dukaten,
Sagt, wo seid ihr hingeraten?

Seid ihr bei den güldnen Fischlein,
Die im Bache froh und munter
Tauchen auf und tauchen unter?

Seid ihr bei den güldnen Blümlein,
Die auf lieblich grüner Aue
Funkeln hell im Morgentaue?

Seid ihr bei den güldnen Vöglein,
Die da schweifen glanzumwoben
In den blauen Lüften oben?

Seid ihr bei den güldnen Sternlein,
Die im leuchtenden Gewimmel
Lächeln jede Nacht am Himmel?

Ach! ihr güldenen Dukaten
Schwimmt nicht in des Baches Well,
Funkelt nicht auf grüner Au,
Schwebet nicht in Lüften blau,
Lächelt nicht am Himmel hell, –
Meine Manichäer, traun!
Halten euch in ihren Klaun.

Frühlingsnächte

Wie die Tage macht der Frühling
Auch die Nächte mir erklingen;
Als ein grünes Echo kann er
Bis in meine Träume dringen.

Nur noch märchensüßer flöten
Dann die Vögel, durch die Lüfte
Weht es sanfter, sehnsuchtwilder
Steigen auf die Veilchendüfte.

Auch die Rosen blühen röter,
Eine kindlich güldne Glorie
Tragen sie, wie Engelköpfchen
Auf Gemälden der Historie –

Und mir selbst ist dann, als würd ich
Eine Nachtigall und sänge
Diesen Rosen meine Liebe,
Träumend sing ich Wunderklänge –

Bis mich weckt das Licht der Sonne,
Oder auch das holde Lärmen
Jener andren Nachtigallen,
Die vor meinem Fenster schwärmen.

Unendlich

Vierundzwanzig Stunden soll ich
Warten auf das höchste Glück,
Das mir blinzelnd süß verkündet,
Blinzelnd süß der Seitenblick.

O! die Sprache ist so dürftig,
Und das Wort ein plumpes Ding;
Wird es ausgesprochen, flattert
Fort der schöne Schmetterling.

Doch der Blick, der ist unendlich,
Und er macht unendlich weit
Deine Brust, wie einen Himmel
Voll gestirnter Seligkeit.

Wehmut

Ernst ist der Frühling, seine Träume
Sind traurig, jede Blume schaut
Von Schmerz bewegt, es bebt geheime
Wehmut im Nachtigallenlaut.

O lächle nicht, geliebte Schöne,
So freundlich heiter, lächle nicht!
O, weine lieber, eine Träne
Küss ich so gern dir vom Gesicht.

Der Frühling und die Liebe

Sie blüht und glüht und leuchtet,
Und starret stumm in die Höh;
Sie duftet und weinet und zittert
Vor Liebe und Liebesweh.

Lyrisches Intermezzo

Mein schönes Liebchen

Und als ich so lange, so lange gesäumt,
In fremden Landen geschwärmt und geträumt;
Da ward meiner Liebsten zu lang die Zeit,
Und sie nähete sich ein Hochzeitkleid,
Und hat mit zärtlichen Armen umschlungen
Als Bräutgam den dümmsten der dummen Jungen.

Mein Liebchen ist so schön und mild,
Noch schwebt mir vor ihr süßes Bild;
Die Veilchenaugen, die Rosenwänglein,
Die glühen und blühen, jahraus, jahrein.
Dass ich von solchem Lieb konnt weichen,
War der dümmste von meinen dummen Streichen.

Zerrissen

Und wüssten's die Blumen, die kleinen,
Wie tief verwundet mein Herz,
Sie würden mit mir weinen,
Zu heilen meinen Schmerz.

Und wüssten's die Nachtigallen,
Wie ich so traurig und krank,
Sie ließen fröhlich erschallen
Erquickenden Gesang.

Und wüssten sie mein Wehe,
Die goldnen Sternelein,
Sie kämen aus ihrer Höhe,
Und sprächen Trost mir ein.

Die alle können's nicht wissen,
Nur eine kennt meinen Schmerz:
Sie hat ja selbst zerrissen,
Zerrissen mir das Herz.

Die Heimführung

Ich geh nicht allein, mein feines Lieb,
Du musst mit mir wandern
Nach der lieben, alten, schaurigen Klause,
In dem trüben, kalten, traurigen Hause,
Wo meine Mutter am Eingang kau'rt
Und auf des Sohnes Heimkehr lau'rt.

»Lass ab von mir, du finstrer Mann!
Wer hat dich gerufen?
Dein Odem glüht, deine Hand ist Eis,
Dein Auge sprüht, deine Wang ist weiß; –
Ich aber will mich lustig freun
An Rosenduft und Sonnenschein.«

Lass duften die Rosen, lass scheinen die Sonn,
Mein süßes Liebchen!
Wirf um den weiten, weißwallenden Schleier,
Und greif in die Saiten der schallenden Leier,
Und singe ein Hochzeitlied dabei;
Der Nachtwind pfeift die Melodei.

Blümlein der Ruh

Mit Rosen, Zypressen und Flittergold
Möcht ich verzieren, lieblich und hold,
Dies Buch wie einen Totenschrein,
Und sargen meine Lieder hinein.

O könnt ich die Liebe sargen hinzu!
Am Grabe der Liebe wächst Blümlein der Ruh,
Da blüht es hervor, da pflückt man es ab –
Doch mir blüht's nur, wenn ich selber im Grab.

Eine alte Liebe

Philister in Sonntagsröcklein
Spazieren durch Wald und Flur;
Sie jauchzen, sie hüpfen wie Böcklein,
Begrüßen die schöne Natur.

Betrachten mit blinzelnden Augen,
Wie alles romantisch blüht;
Mit langen Ohren saugen
Sie ein der Spatzen Lied.

Ich aber verhänge die Fenster
Des Zimmers mit schwarzem Tuch;
Es machen mir meine Gespenster
Sogar einen Tagesbesuch.

Die alte Liebe erscheinet,
Sie stieg aus dem Totenreich,
Sie setzt sich zu mir und weinet,
Und macht das Herz mir weich.

Des Walds Kapellmeister

Es erklingen alle Bäume,
Und es singen alle Nester –
Wer ist der Kapellenmeister
In dem grünen Waldorchester?

Ist es dort der graue Kiebitz,
Der beständig nickt, so wichtig?
Oder der Pedant, der dorten
Immer kuckuckt, zeitmaßrichtig?

Ist es jener Storch, der ernsthaft,
Und als ob er dirigieret,
Mit dem langen Streckbein klappert,
Während alles musizieret?

Nein, in meinem eignen Herzen
Sitzt des Walds Kapellenmeister,
Und ich fühl wie er den Takt schlägt,
Und ich glaube Amor heißt er.

Die Rose der Rosen

O, wie schön! wie schön bist du, Geliebte!
Du bist wie eine Rose!
Nicht wie die Rose von Schiras,
Die hafisbesungene Nachtigallbraut:
Nicht wie die Rose von Saron,
Die heiligrote, prophetengefeierte;
Du bist wie die Ros im Ratskeller zu Bremen!
Das ist die Rose der Rosen,
Je älter sie wird, je lieblicher blüht sie,
Und ihr himmlischer Duft, er hat mich beseligt,
Er hat mich begeistert, er hat mich berauscht,
Und hielt mich nicht fest, am Schopfe fest,
Der Ratskellermeister von Bremen,
Ich wäre gepurzelt!

Das Lied von der Reue

Herr Ulrich reitet im grünen Wald,
Die Blätter lustig rauschen.
Er sieht eine holde Mädchengestalt
Durch Baumeszweige lauschen.

Der Junker spricht: Wohl kenne ich
Dies blühende, glühende Bildnis,
Verlockend stets umschwebt es mich
In Volksgewühl und Wildnis.

Zwei Röslein sind die Lippen dort,
Die lieblichen, die frischen;
Doch manches hässlich bittre Wort
Schleicht tückisch oft dazwischen.

Drum gleicht dies Mündlein gar genau
Den hübschen Rosenbüschen,
Wo giftge Schlangen wunderschlau
Im dunkeln Laube zischen.

Dort jenes Grübchen wunderlieb
In wunderlieben Wangen,
Das ist die Grube, worein mich trieb
Wahnsinniges Verlangen.

Dort seh ich ein schönes Lockenhaar
Vom schönsten Köpfchen hangen;
Das sind die Netze wunderbar,
Womit mich der Böse gefangen.

Und jenes blaue Auge dort,
So klar, wie stille Welle,
Das hielt ich für des Himmels Pfort,
Doch war's die Pforte der Hölle. –

Herr Ulrich reitet weiter im Wald,
Die Blätter rauschen schaurig.
Da sieht er von fern eine zweite Gestalt,
Die ist so bleich, so traurig.

Der Junker spricht: O Mutter dort,
Die mich so mütterlich liebte,
Der ich mit bösem Tun und Wort
Das Leben bitterlich trübte!

O, könnt ich dir trocknen die Augen nass,
Mit der Glut von meinen Schmerzen!
O, könnt ich dir röten die Wangen blass,
Mit dem Blut aus meinem Herzen!

Und weiter reitet Herr Ulerich,
Im Wald beginnt es zu düstern,
Viel seltsame Stimmen regen sich,
Die Abendwinde flüstern.

Der Junker hört die Worte sein
Gar vielfach widerklingen.
Das taten die spöttischen Waldvöglein,
Die zwitschern laut und singen:

Herr Ulrich singt ein hübsches Lied,
Das Liedchen von der Reue,
Und hat er zu Ende gesungen das Lied,
So singt er es wieder aufs Neue.

Wie ein Röselein

Da kommt seine Liebste geschlichen herein
Im rauschenden Wellenschaumkleide,
Sie blüht und glüht, wie ein Röselein,
Ihr Schleier ist eitel Geschmeide.
Goldlocken umspielen die schlanke Gestalt,
Die Äuglein grüßen mit süßer Gewalt –
In die Arme sinken sich beide.

Lass ab!

Der Tag ist in die Nacht verliebt,
Der Frühling in den Winter,
Das Leben verliebt in den Tod –
Und du, du liebest mich!

Du liebst mich – schon erfassen dich
Die grauenhaften Schatten,
All deine Blüte welkt,
Und deine Seele verblutet.

Lass ab von mir, und liebe nur
Die heiteren Schmetterlinge,
Die da gaukeln im Sonnenlicht –
Lass ab von mir und dem Unglück.

Von Frühlingsliebe berauscht

Was treibt dich umher in der Frühlingsnacht?
Du hast die Blumen toll gemacht,
Die Veilchen, sie sind erschrocken!
Die Rosen, sie sind vor Scham so rot,
Die Lilien, sie sind so blass wie der Tod,
Sie klagen und zagen und stocken!

O, lieber Mond, welch frommes Geschlecht
Sind doch die Blumen! Sie haben recht,
Ich habe Schlimmes verbrochen!
Doch konnt ich wissen, dass sie gelauscht,
Als ich, von glühender Liebe berauscht,
Mit den Sternen droben gesprochen?

Rein und schön

Du bist wie eine Blume,
So hold und schön und rein;
Ich schau dich an, und Wehmut
Schleicht mir ins Herz hinein.

Mir ist, als ob ich die Hände
Aufs Haupt dir legen sollt,
Betend, dass Gott dich erhalte
So rein und schön und hold.

Volkslied im Frühling

Es fiel ein Reif in der Frühlingsnacht,
Es fiel auf die zarten Blaublümelein,
Sie sind verwelket, verdorret.

Ein Jüngling hatte ein Mädchen lieb,
Sie flohen heimlich von Hause fort,
Es wusst weder Vater noch Mutter.

Sie sind gewandert hin und her,
Sie haben gehabt weder Glück noch Stern,
Sie sind verdorben, gestorben.

(Dieses ist ein wirkliches Volkslied, welches ich am Rheine gehört.)

Blütenpracht

Blumen, kühne Wunderblumen,
Blätter, breit und fabelhaft,
Duftig bunt und hastig regsam,
Wie gedrängt von Leidenschaft.

Die Harzreise

Gartenspaziergang

Das war ein Garten, wunderschön,
Da wollt ich lustig mich ergehn;
Viel schöne Blumen sahn mich an,
Ich hatte meine Freude dran.

Es zwitscherten die Vögelein
Viel muntre Liebesmelodein;
Die Sonne rot, von Gold umstrahlt,
Die Blumen lustig bunt bemalt.

Viel Balsamduft aus Kräutern rinnt,
Die Lüfte wehen lieb und lind;
Und alles schimmert, alles lacht,
Und zeigt mir freundlich seine Pracht.

Liebeswonne

Die Rose, die Lilie, die Taube, die Sonne,
Die liebt ich einst alle in Liebeswonne.
Ich lieb sie nicht mehr, ich liebe alleine
Die Kleine, die Feine, die Reine, die Eine;
Sie selber, aller Liebe Bronne,
Ist Rose und Lilie und Taube und Sonne.

Veilchen und Rosen

Morgens send ich dir die Veilchen,
Die ich früh im Wald gefunden,
Und des Abends bring ich Rosen,
Die ich brach in Dämmrungstunden.

Weißt du, was die hübschen Blumen
Dir Verblümtes sagen möchten?
Treu sein sollst du mir am Tage
Und mich lieben in den Nächten.

Blumenwald

Zitherklang und Zwergenlieder
Tönen aus des Berges Spalt,
Und es sprießt wie ’n toller Frühling
Draus hervor ein Blumenwald.

Blumen, kühne Wunderblumen,
Blätter, breit und fabelhaft,
Duftig bunt und hastig regsam,
Wie gedrängt von Leidenschaft.

Rosen, wild wie rote Flammen,
Sprühn aus dem Gewühl hervor;
Lilien, wie kristallne Pfeiler,
Schießen himmelhoch empor.

Und die Sterne, groß wie Sonnen,
Schaun herab mit Sehnsuchtglut;
In der Lilien Riesenkelche
Strömet ihre Strahlenflut.

Doch wir selber, süßes Kindchen,
Sind verwandelt noch viel mehr;
Fackelglanz und Gold und Seide
Schimmern lustig um uns her.

Du, du wurdest zur Prinzessin,
Diese Hütte ward zum Schloss,
Und da jubeln und da tanzen
Ritter, Fraun und Knappentross.

Aber ich, ich hab erworben
Dich und alles, Schloss und Leut;
Pauken und Trompeten huldgen
Meiner jungen Herrlichkeit!

Alte Rose

Eine Rosenknospe war
Sie für die mein Herze glühte;
Doch sie wuchs, und wunderbar
Schoss sie auf in voller Blüte.

Ward die schönste Ros im Land,
Und ich wollt die Rose brechen,
Doch sie wusste mich pikant
Mit den Dornen fortzustechen.

Jetzt, wo sie verwelkt, zerfetzt
Und verklatscht von Wind und Regen –
Liebster Heinrich bin ich jetzt,
Liebend kommt sie mir entgegen.

Heinrich hinten, Heinrich vorn,
Klingt es jetzt mit süßen Tönen;
Sticht mich jetzt etwa ein Dorn,
Ist es an dem Kinn der Schönen.

Allzu hart die Borsten sind,
Die des Kinnes Wärzchen zieren –
Geh ins Kloster, liebes Kind,
Oder lasse dich rasieren.

Frühlingsnacht

Die schönen Augen der Frühlingsnacht,
Sie schauen so tröstend nieder:
Hat dich die Liebe so kleinlich gemacht,
Die Liebe sie hebt dich wieder.

Auf grüner Linde sitzt und singt
Die süße Philomele;
Wie mir das Lied zur Seele dringt,
So dehnt sich wieder die Seele.

Schöne Welt

Die Welt ist so schön und der Himmel so blau,
Und die Lüfte die wehen so lind und so lau,
Und die Blumen winken auf blühender Au,
Und funkeln und glitzern im Morgentau,
Und die Menschen jubeln, wohin ich schau –
Und doch möcht ich im Grabe liegen,
Und mich an ein totes Liebchen schmiegen.

Vergängliches Glück

Der Frühling schien schon an dem Tor
Mich freundlich zu erwarten.
Die ganze Gegend steht im Flor
Als wie ein Blumengarten.

Die Liebste sitzt an meiner Seit
Im rasch hinrollenden Wagen;
Sie schaut mich an voll Zärtlichkeit,
Ihr Herz, das fühl ich schlagen.

Das trillert und duftet so sonnenvergnügt!
Das blinkt im grünen Geschmeide!
Sein weißes Blütenköpfchen wiegt
Der junge Baum mit Freude.

Die Blumen schaun aus der Erd hervor,
Betrachten, neugierigen Blickes,
Das schöne Weib, das ich erkor,
Und mich, den Mann des Glückes.

Vergängliches Glück! Schon morgen klirrt
Die Sichel über den Saaten,
Der holde Frühling verwelken wird,
Das Weib, wird mich verraten.

Mein letztes Lied

Dann ergreif ich die Harfe, und die alten Freuden und Schmerzen erwachen, die Nebel zerrinnen, Tränen blühen wieder aus meinen toten Augen, es frühlingt wieder in meiner Brust, süße Töne der Wehmut beben in den Saiten der Harfe, ich sehe wieder den blauen Fluss und die marmornen Paläste, und die schönen Frauen- und Mädchengesichter – und ich singe ein Lied von den Blumen der Brenta.

Es wird mein letztes Lied sein, die Sterne werden mich anblicken wie in den Nächten meiner Jugend, das verliebte Mondlicht küsst wieder meine Wangen, die Geisterchöre verstorbener Nachtigallen flöten aus der Ferne, schlaftrunken schließen sich meine Augen, meine Seele verhallt wie die Töne meiner Harfe – es duften die Blumen der Brenta.

Und scheint die Sonne noch so schön,
Am Ende muss sie untergehn.

Buch der Lieder

Verzeichnis der Texte und Druckvorlagen

Die Texte der vorliegenden Ausgabe folgen – unter behutsamer Angleichung an die neue Rechtschreibung – den hier verzeichneten Editionen; in den Textnachweisen werden sie jeweils mit den angegebenen Titelsiglen abgekürzt zitiert. Die mit * versehenen Überschriften wurden vom Verlag formuliert.

H	Heinrich Heine: Die Harzreise. Hrsg. von Manfred Windfuhr. Stuttgart: Reclam, 1955 [u. ö.].
I	Heinrich Heine: Ideen. Das Buch Le Grand. Hrsg. von Dierk Möller. Stuttgart: Reclam, 1972.
SG	Heinrich Heine: Sämtliche Gedichte. Komm. Ausg. Hrsg. von Bernd Kortländer. Stuttgart: Reclam, 1990 [u. ö.].
S	Heinrich Heine: Sämtliche Schriften. Hrsg. von Klaus Briegleb. 6 Bde. [in 7 Teilen]. München: Hanser, 1968–76.

Frühlingsgefühle mit Heine

7 I 18 | 8 H 78 | 9 SG 350

Wenn es Frühling wird

11 H 45 | 13 SG 68 | 14* SG 140 | 15* SG 142 | 16* SG 284 | 17* SG 286 | 18 SG 361 f.

Maisonne

19 SG 350 | 21*–23 H 78–80 | 24* SG 92 | 25* SG 282 | 26 SG 80 | 27–29 SG 162–164 | 30* SG 293 | 31 SG 283

Frühlingsgesänge der Nachtigall

33 SG 105 | 35* SG 80 | 36* SG 287 | 37* SG 284 | 38* S II 255 | 39* SG 285 f. | 40* SG 287 f. | 41 SG 374

Ein Frühlingstraum

43 SG 19 | 45* SG 105 | 46* SG 99 f. | 47* SG 292 | 48* SG 104 f. | 49* SG 289 | 50* SG 40 | 51* SG 65 f. | 52* SG 299 | 53* SG 329 | 54* SG 300

Der Frühling und die Liebe

55 SG 84 | 57* SG 93 | 58* SG 89 | 59 SG 52 | 60* SG 43 | 61* SG 96 | 62* SG 285 | 63* S II 203 f. | 64–66 SG 62–64 | 67* SG 79 | 68 SG 379 | 69* SG 289 | 70* SG 142 | 71* SG 356

Blütenpracht

73 H 45 f. | 75* SG 19 f. | 76* SG 81 | 77* SG 297 | 78 f.* H 45 f. | 80 SG 587 | 81* SG 282 | 82* SG 93 | 83* SG 350 | 84* I 13 | 85 SG 12